맛있는 성경공부 성품 시리즈 ④

생활성품

감사 · 절제 · 인내

이대희 지음

아가페북스

맛있는 성경공부 「성품」 시리즈를 펴내면서

이곳 저곳에서 학교교육의 문제점이 많이 나타나고 있습니다. 괴롭힘, 집단 따돌림, 폭력, 우울증, 자살 등 상처는 생각보다 심각합니다. 이것은 그동안 우리 사회가 인성보다는 재능과 기능 위주로 교육해 온 결과입니다. 20년 가까이 학교에서 배우는 것이라고는 공부 기술을 익혀 입시에 성공하는 것입니다. 대학입시 과목에 해당하지 않는 것은 사실상 교육에서도 제외됩니다. 그 결과 우리의 학교교육은 점점 붕괴되어 가고 있습니다. 이제야 인성교육의 중요성을 알고 시도해 보지만 만만치 않습니다. 인성교육이 안 되면 다른 교육이 잘된다 해도 의미가 없습니다. 마치 기초 없는 집을 짓는 것과 같습니다.

문제는 인성교육의 중요성을 알고 있지만, 어떻게 실천해야 할지 막막하다는 것입니다. 우선 사람을 가르치고 성품을 훈련하는 교과서가 마땅치 않습니다. 물론 교사도 거의 없는 실정입니다. 교과목의 교사만 있지 가장 중요한 인성교사는 없습니다. 가정에서 부모가 인성교육을 해야 하는데, 바쁜 맞벌이 부부는 자녀의 얼굴 보는 것조차 어렵습니다.

인성교육을 위해서는 성품교육이 우선입니다. 성품은 행동으로 말하는 것으로, 전인적인 인간의 모습입니다. 부모의 성품은 자녀의 성품으로 이어집니다. 그래서 성품교육은 부모와 자녀 모두에게 중요합니다. 온 가족과 전 세대가 함께해야 하는 교육입니다. 성품교육을 위한 최고의 교과서는 성경입니다.

맛있는 성경공부 「성품」 시리즈는 사람에게 필요한 성품 12가지를 정해, 매달 한 가지 주제를 집중적으로 3회에 걸쳐 공부하면서 성품을 훈련해 나가는 방법으로 기획되었습니다. 말씀 속에서 함께 생각하고 질문하고 이야기를 나누고 토론하면서 우리 속에 하나님의 성품이 새겨지는 시간이 되면 좋겠습니다.

이 시리즈는 가정과 교회에서 다양하게 사용할 수 있습니다. 특히 주 5일 근무제에 맞추어 실시하는 교회의 토요학교에서 집중적으로 토론하면서 공부하면 매우 유익할 것입니다. 성품은 단시간에 만들어지는 것이 아닙니다. 평생에 걸쳐 지속적으로 그리고 반복적인 습관을 통해 성품으로 자리 잡는 것입니다.

아무쪼록 이 교재가 여러분의 가정과 교회에 좋은 성품이 세워지는 데 조금이나마 도움이 되길 소원합니다. 성품은 평생을 이기는 힘입니다. 하나님의 형상을 닮은 인간이 죄로 인해 파괴된 하나님의 성품을 회복하는 기회가 되면 좋겠습니다. 이제는 한국 교회와 그리스도인이 인격과 성품으로 세상에 복음을 전하는 역사가 일어나기를 기도합니다.

이대희

「성품」 시리즈 특징과 사용법

□ **교재의 특징** □

1. '맛있는 성경공부법'을 적용한 성경공부다(자세한 내용은 『맛있는 성경공부』 참조).
2. 인성의 기초가 되는 12가지 핵심 성품을 통해 인성을 키우는 전인적인 성경공부다.
3. 한 가지 성품 주제를 3회에 걸쳐 집중적으로 공부하면서 성품을 습관화한다.
4. 중등부 이상이면 전천후(제자훈련, 소그룹, 가정양육, 구역모임)로 사용할 수 있다.
5. 사고력과 창의력을 키워준다.
6. 질문과 토론으로 사고를 깊게 하여 삶을 변화시킨다.
7. 개인이 충분히 공부한 후 소그룹으로 함께하면 더 효과적이다.
8. 교회와 가정과 직장에서 '성품학교'를 위한 교재로 사용할 수 있다.
9. 성경 본문과 주제를 함께 경험하는 성경공부다.
10. 귀납적, 이야기식, 대화식 방법을 통합한 히브리인들의 성경공부다.
11. 주말에 교회학교와 가정에서 자녀교육용으로 사용할 수 있다.

▫ 목표 ▫

12개의 성품 주제를 매달 한 가지씩 1년에 걸쳐 공부하면서 성품을 훈련하고 습관화한다. 이 성경공부의 목표는 예수님의 성품을 닮아가는 데 있다.

▫ 과정 구성 ▫

권	영역	주제 (각 주제를 3과로 구성)
1	기초성품	신뢰, 긍정, 책임
2	태도성품	경청, 성실, 정직
3	관계성품	배려, 친절, 순종
4	생활성품	감사, 절제, 인내

□ 양육과정 □

이 시리즈는 12가지 성품 주제를 각각 3과에 걸쳐 집중적으로 공부하면서 1년 동안 성품을 형성해가도록 구성했다. 12가지 핵심 주제를 기초, 태도, 관계, 생활의 단계로 영역을 넓혀나가면서 전인적인 성품이 되도록 했다. 이외에 필요한 성품 주제들(겸손, 용서, 기쁨, 충성, 섬김…)은 여기서 가지를 치면서 차후에 공부하기로 한다.

□ 교재구성 □

한 개의 성품 주제를 3과에 걸쳐 공부하면서 성품에 대해 깨달아, 성품의 삶을 실천하는 데 중점을 두고 과정을 구성했다. 한 개의 주제를 1과로 마치면 깊이 있는 공부가 되지 않아 지식으로만 머물 가능성이 크다. 따라서 한 가지 성품을 3회에 걸쳐서 집중적으로 공부하면서 경험화, 습관화, 생활화하도록 했다. 마지막 단계 'Tip 성품연습'과 '성품 사람 만들기'를 통해 성품이 몸과 생활에 적용되도록 실천훈련 가이드도 제시했다.

□ 성경공부 단계 □

1단계 생활 나눔: 성품을 이미 경험된 생활과 연결한다.

2단계 말씀의 살핌: 관련된 성경 본문을 관찰하면서 성품의 내용을 이해한다.

3단계 말씀의 깨달음: 성품에 관한 말씀의 의미를 해석하면서 깨달음의 과정에 이른다.

4단계 말씀의 적용: 깨달은 말씀을 적용하고 실천하여 자기 성품으로 만든다.

5단계 실천 메시지: 핵심적인 내용을 성품 예화와 함께 정리한다.

6단계 Tip 성품 연습하기, 성품 사람 만들기, 참고성경: 지속적인 성품 연습을 통해 성품의 사람을 만들고, 성품을 확장 발전시키는 후속단계다.

□ 성경공부 6단계 과정표 □

'맛있는 성경공부' 시리즈는 6단계 과정으로 구성되었다. 이것은 히브리인들이 성경을 연구하는 과정을 응용한 것으로 이 과정은 나눔, 이야기, 질문, 대화, 토론, 발표, 실천을 통합한다. 이것은 성경공부를 통해 영적 능력뿐 아니라 관찰력, 분석력, 사고력, 집중력, 대화력, 학습력, 창의력도 함께 배양하는 효과가 있다. 또 1차원(정보), 2차원(지식), 3차원(창의성), 4차원(지혜)의 능력을 키워 세상을 이기는 그리스도인을 만든다.

□ 성품교육을 위한 원리 □

1. 성품(性品)은 성품(聖品)이다.

성품교육은 인간의 타락한 성품이 아닌 하나님의 거룩한 성품을 닮는 것이다.

2. 성품은 사람들이 볼 수 있게 밖으로 드러나는 것이다.

성품은 보이지 않는 믿음이 삶에서 행위로 자연스럽게 드러나는 것이다.

3. 모델을 통해 성품을 배운다.

성품은 지식으로 받아들이기보다는 인격과 삶의 모델을 통한 교육이 좋다.

4. 성품교육의 목적은 그리스도의 성품을 닮는 것이다.

그리스도인의 성품 모델은 예수 그리스도다.

5. 성품은 그리스도의 힘으로 완성된다.

성품의 완성은 그리스도의 힘으로만 가능하다.

6. 순종하는 성품은 열매를 맺는다.

순종 여부에 따라 성령의 열매가 맺힌다.

7. 성품은 태도와 행위로 드러난다.

성품은 하나님께 의존하지만 인간의 책임 있는 행동도 동시에 필요하다.

8. 성품은 관계 속에서 만들어진다.

성품은 하나님, 자신, 인간, 공동체 관계에서 형성되고, 관계에 영향을 미친다.

9. 성품은 점진적으로 성장한다.

성품은 한 번에 형성되지 않고 점진적으로 성장한다.

10. 성품은 균형 잡힌 성장이다.

어느 하나가 아닌 다양한 성품 주제를 균형 있게 발전시켜 나가야 한다.

11. 성품은 평생 여정이다.

성품은 주님 앞에 서는 날까지 계속되는 평생과정이다.

12. 성품은 옷을 입고 벗는 것과 같다.

옛 성품은 벗어버리고 새 성품을 입어야 한다.

13. 성품은 값을 지불해야 한다.

성품은 거저 얻는 것이 아니다. 희생과 포기와 연단을 통과해야 한다.

14. 성품은 내면의 변화가 우선이다.

내면에서 역사하시는 하나님의 일에 집중할 때 변화가 일어난다.

15. 성품은 습관이 되도록 계속 연습해야 한다.

성품의 주제와 정의를 말로 표현하고, 깊이 묵상한 후, 자기의 옷이 되게 한다.

16. 성품은 인생의 마지막 모습이다.

주님 앞에 설 때는 주님을 닮은 성품으로 마무리된다.

「성품」 시리즈 1–4권

– 1권 –

기초성품

01_ 신뢰

1. 하나님에 대한 신뢰
2. 자신에 대한 신뢰
3. 이웃에 대한 신뢰

02_ 긍정

1. 긍정으로 비전을 이루라
2. 자신감을 갖게 하는 긍정
3. 고난을 이기게 하는 긍정

03_ 책임

1. 말에 대한 책임
2. 일에 대한 책임
3. 세상에 대한 책임

– 2권 –

태도성품

01_ 경청

1. 최고의 경청
2. 마음으로 들어라
3. 성공의 비결

02_ 성실

1. 성실은 모든 것의 기본이다
2. 하나님의 성실을 배워라
3. 맡은 일에 성실하라

03_ 정직

1. 정직합니까
2. 믿음이 정직이다
3. 정직하지 못한 사람들

– 3권 –

관계성품

01_ 배려

1. 타인의 입장에서 베푸는 배려
2. 사람을 귀하게 여기는 배려
3. 이웃을 내 몸처럼 사랑하는 배려

02_ 친절

1. 친절한 사람을 찾다
2. 친절은 상대방을 소중히 여기는 것이다
3. 모든 사람에게 친절하라

03_ 순종

1. 순종은 축복의 비결이다
2. 순종이 제사보다 낫다
3. 질서에 순종하라

– 4권 –

생활성품

01_ 감사

1. 감사하는 사람이 되라
2. 감사는 기적을 낳는다
3. 감사는 표현하는 것이다

02_ 절제

1. 마음을 다스리는 절제
2. 말을 다스리는 절제
3. 힘을 다스리는 절제

03_ 인내

1. 인내하는 자가 성공한다
2. 끝까지 인내하라
3. 기도로 인내를 이루라

생활성품

CONTENTS

감사

절제

인내

감사

| 상대방이 내게 베푼 은혜와 행동에 대해 고마움을 표현하는 것 |

Delicious Bible study_01

감사하는 사람이 되라

| 골로새서 3장 12-17절 |

생활 나눔

1 각자가 생각하는 감사의 정의를 말해 보세요.

2 주변에 감사하는 삶을 사는 모범적인 사람이 있으면 말해 보세요.

말씀의 살핌

■ 골로새서 3장 12–17절을 읽고 질문에 답해 보세요.

1 하나님의 택하심을 받은 자는 어떤 성품의 옷들을 입어야 합니까? (12–13)

2 성품의 모든 부분에 연결된 것으로 성품의 뿌리에 해당하는 것은 무엇입니까? (14)

3 그리스도인은 무엇을 위하여 부르심을 받았습니까? (15)

4 그리스도의 평강을 받은 사람은 어떤 자세로 살아야 합니까? (15)

5 그리스도의 말씀이 마음에 풍성히 거하면 어떤 행동이 나타납니까? 우리는 어떤 마음으로 하나님을 찬양해야 합니까? (16)

6 그리스도인은 모든 일이나 말을 할 때 어떻게 해야 합니까? (17)

말씀의 깨달음

1 생활에서 늘 감사하는 사람이 되려면 어떻게 해야 합니까? 감사하는 사람이 되기 위해서 어떤 것이 먼저 해결되어야 합니까? (롬 11:12 참고)

2 하나님을 찬양하고 교회를 섬기며 전도할 때는 늘 감사하는 마음으로 해야 합니다. 감사하는 마음으로 모든 일을 하면 어떤 유익이 있습니까?

3 일이나 말, 무엇을 하든 감사의 말을 하는 것은 거저 되는 것이 아닙니다. 모든 것이 주님께로부터 왔다는 인식이 생겨야 합니다. 이것을 가능하게 한 성경에 나오는 예를 찾아 말해 보세요. (욥 1:21; 2:10; 살전 5:18 참고)

말씀의 적용

1 그리스도인은 감사하는 사람이 되어야 합니다. 이미 구원받았다는 것 하나만으로도 하루를 감사하면서 지낼 수 있습니다. 구체적으로 어떤 것이 감사한지 말해 보세요.

2 그리스도인은 자신의 정체성을 생각하면 모든 일에 감사하게 됩니다. 말과 행동 등 모든 일에 감사하기 위한 자기만의 일주일 감사생활 계획표를 작성해 보세요.

3 오늘 주신 말씀에서 깨달은 교훈은 무엇입니까?

실천 메시지

모든 일에 감사하라

세상일에는 늘 상반된 두 가지 경우가 있습니다. 낮이 있으면 밤이 있고, 더운 날이 있으면 추운 날이 있습니다. 슬픈 날이 있으면 기쁜 날이 있고, 성공이 있으면 실패가 있습니다. 또 태어날 때가 있으면 죽을 때가 있고, 편안한 날이 있으면 힘든 날이 있습니다.

인생은 이것이 번갈아 오갑니다. 이중 어느 하나만 있다면 균형이 깨져 힘들어집니다. 그래서 양면이 모두 필요합니다. 밤이 없으면 식물이 자라지 않고, 햇볕만 내리 쬐면 식물은 죽습니다. 때때로 비 내리는 날도 있어야 합니다.

'범사에 감사하는 것'은 어떤 상황에서도 감사하는 것을 말합니다. 그런데 사람들은 일이 잘될 때만 감사하고 힘들 때는 불평합니다. 모든 것이 하나님의 손 안에서 이루어지는 것이므로, 겉만 보지 말고 주의 깊게 살펴보면 그 안에 감사할 조건이 숨어 있습니다. 불평하고 원망하는 것은 본질을 잘 알지 못하기 때문입니다. 겉으로 나타난 현상만 보고 쉽게 절망하고 포기하는 것입니다. 그 뒤에 숨겨진 하나님의 섭리를 본다면 고난 가운데서도 감사하고 평안 가운데서도 겸손

할 수 있습니다.

1690년 증기기관을 발명해 낸 프랑스 물리학자 파핀은 세 가지로 인해 늘 감사한다고 말했습니다. 첫째는 날마다 주시는 일용할 양식이요, 둘째는 몸의 건강이요, 셋째는 영원한 삶을 향한 소망이라고 했습니다. 우리도 이렇게 하루 하루를 살면 어떻겠습니까?

Tip 감사 성품 연습하기

감사하기 위해 조심해야 할 것

1. 마음에 있는 욕심을 조심하자.
2. 남과 비교하는 비교의식을 조심하자.
3. 눈에 보이는 외형적인 것만 보는 것을 조심하자.
4. 일어나지 않을 일이나 내일 일을 걱정하는 염려와 불안을 조심하자.

하루에 열두 번 감사하기(미국 그리스도연합교회)

1. 아침, 새로운 시간을 주심에 감사하자.
2. 아침식사를 주심에 감사하자.
3. 일터에 가면서 움직일 수 있음에 감사하자.
4. 일하는 보람을 맛볼 수 있음에 감사하자.
5. 일하면서 비판이나 압력을 받을 때는 도전을 주심에 감사하자.
6. 칭찬받을 때는 만족을 주심에 감사하자.
7. 점심에는 대화할 수 있는 동료가 있음에 감사하자.
8. 일과 후 작은 성취에 감사하자.
9. 귀가 후 가족을 보며 감사하자.
10. 신문이나 TV를 볼 수 있는 여가를 주심에 감사하자.
11. 잠을 주시는 은혜에 감사하자.
12. 꿈속에서는 생명을 주신 은혜에 감사하자.

Delicious Bible study_02

감사는 기적을 낳는다

| 마태복음 14장 13-21절 |

생활 나눔

1 감사하면 우리에게 어떤 유익이 있습니까?

2 당신은 하루에 몇 번이나 감사하다는 말을 합니까? 감사한 마음으로 하나님께 찬양한 적이 있으면 말해 보세요.

말씀의 살핌

■ 마태복음 14장 13-21절을 읽고 다음 질문에 답해 보세요.

1. 제자들은 빈들에 있는 많은 사람들을 보고, 때가 저물자 예수님께 무엇을 요구했습니까? (14-15)

2. 예수님은 제자들에게 갈 것 없다고 하시면서 뭐라고 말씀하셨습니까? (16)

3. 제자들이 가지고 있는 것은 무엇이었습니까? (17)

4 예수님은 그것을 가져오게 하신 후 무엇을 하셨습니까? (18-19)

5 예수님은 떡을 떼어 무리에게 나누어주게 하셨는데, 그때 어떤 일이 일어났습니까? (19-20)

6 먹고 난 뒤 음식은 얼마나 남았습니까? (20-21)

말씀의 깨달음

1 왜 예수님은 무리를 보내 먹을 것을 사먹게 하자는 제자들의 말을 거부하고 "너희가 먹을 것을 주라"고 말씀하셨을까요? (마 17:19-20; 막 9:23 참고)

2 예수님이 제자들에게 있던 적은 음식을 가지고 하나님께 감사기도를 드렸을 때 놀라운 기적이 일어났습니다. 하나님께 감사드리자 일어난 기적입니다. 이것을 보고 일상 속에서 감사를 실천하는 방법을 말해 보세요. (시 136 참고)

3 예수님은 왜 제자들을 통해 떡과 고기를 나누게 하셨을까요? 이것이 주는 영적 교훈은 무엇입니까?

STEP_FOUR

말씀의 적용

1 당신은 하루 동안의 삶에서 얼마나 감사합니까? 작은 일에서 감사한 것을 찾아 말해 보세요.

2 작은 것에 감사하여 좋은 일이나 기적을 경험한 적이 있으면 말해 보세요.

3 오늘 주신 말씀에서 깨달은 교훈은 무엇입니까?

실천 메시지

작은 것에 감사하라

영국의 스펄전 목사님은 생전에 이런 감사기도를 드렸다고 합니다.

"촛불을 보고 감사하는 자에게 하나님은 전깃불을 주시고, 전깃불에 감사하는 자에게 달빛을 주시고, 달빛에 감사하는 자에게 햇빛을 주시고, 햇빛에 감사하는 자에게 영원토록 사라지지 않는 천국의 영광을 비춰주신다."

감사는 작은 것에서 시작됩니다. 작은 것에 감사할 수 있으면 나중에는 모든 것이 감사합니다. 감사가 잘 안된다면 먼저 작은 것에 감사할 수 있는 눈을 열어 달라고 기도해야 합니다. 그러면 하루가 감사하고, 살아있음 자체가 감사하며, 음식을 먹고 잠을 잘 수 있음이 감사하게 느껴집니다. 이런 감사가 쌓이면 행복을 느끼게 되고, 하나님의 역사하심이 보이게 됩니다. 지금 당신이 존재하는 것 자체가 하나님이 간섭하고 사랑하시기 때문에 가능한 것입니다. 그러나 사람들은 그 사실을 잘 모르고 살아갑니다. 그리고 당장 눈앞에 보이는 것에만 매달립니다. 우리는 살아있는 것 자체만으로도 감사해야 합니다.

Tip 감사 성품 연습하기

바꿀 수 있는 것만 생각할 것

다음은 심리학자 어니 젤린스키가 연구 조사한 결과입니다.

걱정의 40%는 절대 현실에서 일어나지 않는다.

걱정의 30%는 이미 일어난 것이다.

걱정의 22%는 안 해도 될 사소한 것이다.

걱정의 4%는 우리 힘으로는 어쩔 수 없는 것이다.

걱정의 4%는 우리가 바꿀 수 있는 것이다.

오늘 하루 당신의 걱정은 어디에 속합니까? 생각해 보고 바꿀 수 있는 것만 걱정하십시오. 그런 걱정은 희망적이기에 좋은 것입니다. 그렇게 하루를 감사하면서 살아가십시오.

Delicious Bible study_03

감사는 표현하는 것이다

| 누가복음 17장 11–19절 |

생활 나눔

1 당신은 이웃이나 다른 사람에게 은혜를 입었을 때 감사를 어떻게 표현합니까?

2 사람들은 감사하다는 말을 잘 하지 못하고 마음속에만 가지고 있는 경우가 많습니다. 왜 그렇다고 생각합니까? 감사함을 표현하기 위해 해결해야 할 것은 무엇입니까?

말씀의 살핌

■ 누가복음 17장 11-19절을 읽고 다음 질문에 답해 보세요.

1 예수님은 어느 지역을 지나가셨습니까? (11)

2 한 마을에 들어가셨을 때 예수님께 다가온 사람들은 누구입니까? 그들은 소리 높여 뭐라고 말했습니까? (12-13)

3 예수님은 그들에게 뭐라고 말씀하셨습니까? (14)

4 나병환자 열 명은 언제 깨끗함을 받았습니까? (14)

5 그들 중 사마리아 사람은 자기가 나은 것을 보고 어떻게 했습니까? (15-16)

6 예수님은 돌아와 감사한 사람에게 뭐라고 말씀하셨습니까? (17-19)

말씀의 깨달음

1 도저히 고침받을 수 없는 나병환자 열 명이 주님의 은혜로 고침을 받았습니다. 그런데 아홉 명은 자기 길을 가고 한 사람만 돌아와 감사를 표현했습니다. 그 이유는 무엇일까요?

2 많은 기적을 경험하고도 생활에서 감사가 사라진 것은 은혜를 잘 모르기 때문입니다. 주변에 미처 감사하지 못한 것이 있는지 찾아보세요. (골 2:6-7; 시 103:2-5 참고)

3 우리로 하여금 감사를 표현하지 못하게 하는 걸림돌은 무엇입니까? 기도할 때도 감사기도가 부족한 이유를 생각해 보세요. (막 11:24; 빌 4:11-12 참고)

말씀의 적용

1 엄청난 하나님의 은혜를 받았으면서도 감사하지 못하는 모습이 당신에게 있는지 찾아보세요.

2 오늘 하루 얼마나 감사함을 표현하며 살았습니까? "감사합니다" 하고 당장 말해 주어야 할 사람은 누구입니까?

3 오늘 주신 말씀에서 깨달은 교훈은 무엇입니까?

실천 메시지

"감사합니다!"

이런 말이 있습니다. "노래는 부를 때까지 노래가 아니고, 종은 울릴 때까지 종이 아니며, 사랑은 표현할 때까지 사랑이 아니고, 축복은 감사할 때까지 축복이 아니다."

하루를 살아가는 것이 진정 감사하다면 마음에만 담아두지 말고 입을 열어 사람들에게 표현해야 합니다. 그러면 감사가 더욱 커지고 놀라운 기적이 일어납니다. 감사하다는 말은 사람의 마음을 즐겁게 하고 에너지를 솟게 합니다.

지금이라도 하나님을 향해, 이웃을 향해 "감사합니다"라는 말로 하루를 시작하세요. 오늘 하루 만나는 사람이 좋아 보이고 뜻하지 않는 은혜가 임할 것입니다.

Tip 감사 성품 연습하기

숨겨진 감사 조건 찾아내기

1. 부족한 중에도 있는 것을 보며 감사하자.
2. 실패 속에서 성공을 꿈꾸며 감사하자.
3. 눈물 속에서 기쁨을 보며 감사하자.
4. 약함 속에서 강함을 보며 감사하자.

가정과 생활에서 성품을 습관화하기

1. 가족에게 감사한 마음을 표현하는 의미에서 집안일을 돕는다.
2. 부모는 자녀에게 "나는 널 믿는다. 넌 잘할 거야." 하며 격려한다.
3. 자녀는 부모에게 "열심히 할게요. 감사합니다. 지켜봐주세요." 하고 말한다.
4. 생일과 기념일을 맞으면 "축하합니다." 하며 축하해 준다.
5. 중요한 일이나 좋은 일을 했을 때 "고맙습니다." 하고 말한다.

실천사항

1. 생일을 맞은 가족이나 집을 떠나 있는 가족이 있을 때 감사편지나 이메일을 자주 쓴다.
2. 주어진 것에 만족하고 감사하다는 것을 부모님과 주변 사람에게 표현한다.
3. 작은 것에도 감사함을 표시한다.
4. 은혜를 입었을 때도 감사함을 표현한다.

참고성경

- 내가 전심으로 여호와께 감사하오며 주의 모든 기이한 일들을 전하리이다 _시 9:1
- 우리가 종일 하나님을 자랑하였나이다 우리는 하나님의 이름에 영원히 감사하리이다 _시 44:8
- 여호와께 감사하라 그는 선하시며 그 인자하심이 영원함이로다 _시 107:1
- 다니엘이 이 조서에 왕의 도장이 찍힌 것을 알고도 자기 집에 돌아가서는 윗방에 올라가 예루살렘으로 향한 창문을 열고 전에 하던 대로 하루 세 번씩 무릎을 꿇고 기도하며 그의 하나님께 감사하였더라 _단 6:10
- 나는 감사하는 목소리로 주께 제사를 드리며 나의 서원을 주께 갚겠나이다 구원은 여호와께 속하였나이다 하니라 _욘 2:9
- 또 잔을 가지사 감사 기도 하시고 그들에게 주시며 이르시되 너희가 다 이것을 마시라 _마 26:27
- 또 무엇을 하든지 말에나 일에나 다 주 예수의 이름으로 하고 그를 힘입어 하나님 아버지께 감사하라 _골 3:17

절제

| 자기만의 욕심을 멈추고 모든 사람에게 유익을 주는 옳은 일을 행하는 것 |

Delicious Bible study_01

마음을 다스리는 절제

| 사무엘상 26장 1-12절 |

생활 나눔

1 각자 절제의 정의를 내려보세요.

2 당신은 마음을 어느 정도 절제합니까? 마음을 절제하지 못해 어려움을 당한 적이 있으면 말해 보세요.

3 당신이 해야 할 일 때문에 하고 싶은 일을 절제하고 포기한 적이 있으면 말해 보세요.

말씀의 살핌

■ 사무엘상 26장 1-12절을 읽고 질문에 답해 보세요.

1 다윗은 사울에게 쫓기며 죽을 고비를 여러 번 넘겼습니다. 사울은 숨어 있는 다윗을 찾으려고 어디에 이르렀습니까? (1-3)

2 다윗은 사울이 자기의 뒤를 쫓는 것을 알고 추적하다가 어떤 상황을 알게 되었습니까? (4-5)

3 다윗은 누구와 함께 사울이 있는 곳에 갔습니까? 밤에 본 사울의 진영은 어떠했습니까? (6-7)

4 이것을 보고, 함께 간 아비새가 다윗에게 무엇을 청했습니까? (8)

5 다윗은 뭐라고 말하면서 아비새를 말렸습니까? (9)

6 다윗은 자신을 괴롭히던 사울이 결국에는 어떻게 될 것이라고 말했습니까? (10)

7 다윗은 사울을 죽일 수 있는 기회가 눈앞에 있는데도 마음을 절제했습니다. 그러고는 무엇만 가지고 돌아왔습니까? (11–12)

말씀의 깨달음

1 모든 행동은 마음에서 나오는데, 마음을 다스리기는 무척이나 어렵습니다. 왜 그럴까요? 악은 마음을 절제하지 못해 생깁니다. 마음을 절제하는 방법을 말해 보세요. (잠 16:32; 25:28 참고)

2 다윗이 원수인 사울을 죽일 수 있는 기회가 있었는데도 죽이지 않고 살려둔 이유는 무엇입니까? 같은 상황에서 아비새와 다윗은 서로 다른 마음을 가지고 있었습니다. 이처럼 다윗이 마음을 절제할 수 있었던 이유는 어디에 있습니까? (롬 8:6 참고)

3 욕망에 사로잡히면 사울처럼 됩니다. 반면 다윗은 모든 것을 하나님께 맡기는 삶을 살았습니다. 하나님께 마음을 드리면 성령님이 도와주십니다. 그런데 마음을 하나님께 드리지 못하는 가장 큰 이유는 무엇입니까? (렘 17:9; 고후 10:5 참고)

STEP_FOUR

말씀의 적용

1 당신은 사울, 아비새, 다윗 중 어느 유형입니까?

2 다윗처럼 마음을 잘 절제하기 위해서 매일 훈련해야 할 것은 무엇입니까?

3 오늘 주신 말씀에서 깨달은 교훈은 무엇입니까?

실천 메시지

생각과 마음에서부터 절제하라

절제는 적당한 선에서 질서대로 하는 것을 말합니다. 그런데 사람이 죄를 지은 순간 이것을 조절하는 능력이 사라졌습니다. 세상의 악한 행동들은 모두 절제하지 못해서 생긴 것입니다. 그러면 어떻게 절제해야 할까요?

절제하지 못하는 사람은 죄인으로 분류해 감옥에 가두거나 손과 발을 묶습니다. 그러나 그것은 일시적인 방법입니다. 무절제와 방탕은 몸으로 저지르는 행동지만, 사실 마음과 생각에서 나오는 것입니다. 마음과 생각을 바로잡지 못하면 절제하기 힘들어집니다. 절제하기 위해서는 마음과 생각을 바르게 하는 연습을 해야 합니다. 탐욕을 버리고 정직한 것을 찾아가는 것이 필요합니다. 자기 마음대로 움직이면 그것은 방탕으로 갈 가능성이 큽니다.

자기 마음을 자기가 주장하지 않고 하나님께 맡기면 훨씬 절제하기가 쉽습니다. 자기가 절제하려고 하면 할수록 더 힘든 것이 절제입니다. 하나님의 마음과 생각을 갖도록 하십시오. 그러면 그분이 우리를 지켜주십니다. 말씀이 마음에 풍성히 거하면 힘들 때 그 말씀이 우리의 마음을 지켜줄 것입니다.

"그리하면 모든 지각에 뛰어난 하나님의 평강이 그리스도 예수 안에서 너희 마음과 생각을 지키시리라" _빌 4:7

Tip 절제 성품 연습하기

절제하면 유익한 점

1. 절제하면 절약된다.
2. 절제하면 집중력이 생긴다.
3. 절제하면 비전이 커진다.
4. 절제하면 자기를 관리할 수 있다.
5. 절제하면 겸손해진다.
6. 절제하면 행복해진다.

Delicious Bible study_02

말을 다스리는 절제

| 야고보서 1장 19-27절 |

생활 나눔

1 자기의 언어생활에 점수를 준다면 몇 점 정도 됩니까?

2 당신은 함부로 말하는 편입니까? 말 때문에 실수한 적이 있으면 말해 보세요.

말씀의 살핌

■ 야고보서 1장 19-27절을 읽고 질문에 답해 보세요.

1. 사람은 말을 잘 사용해야 합니다. 언어 사용의 성경적 원칙은 무엇입니까? (19)

2. 이유를 막론하고 사람이 성내는 것은 어떤 점에서 문제가 됩니까? (20)

3. 언어생활을 절제하기 위해 우리가 무장해야 할 것은 무엇입니까? (21)

4 우리는 말씀을 행하는 사람이 되어야 합니다. 좋은 말씀을 듣기만 하고 좋지 못한 악한 말을 하면 어떤 사람과 같습니까? (22)

5 그리스도인이면서 언어를 절제하지 못하고 함부로 말하는 사람은 무엇과 비교할 수 있습니까? (23–25)

6 말을 절제하고 좋은 말을 사용하는 사람에게 어떤 유익이 있습니까? (25)

7 경건한 삶을 살기 위해 우리가 염두에 두어야 할 내용은 무엇입니까? (26–27)

말씀의 깨달음

1 마음을 다스리기 위해서는 말을 다스려야 합니다. 그러나 말 역시 마음대로 되지 않습니다. 말을 절제하고 잘 다스리기 위해 평소 해야 할 일은 무엇입니까? (눅 6:45; 잠 4:23 참고)

2 말은 마음에 심긴 씨앗입니다. 좋은 말을 마음에 심기 위해서는 말을 절제하는 능력이 있어야 합니다. 경건생활에서 말이 미치는 영향에 대해 말해 보세요. (약 3:2-3 참고)

3 말하는 것을 보면 그 사람의 인격을 알 수 있습니다. 왜 그렇습니까? 그러면 화가 날 때는 어떻게 절제해야 합니까? (벧전 3:9-11; 잠 16:32; 19:11 참고)

STEP_FOUR

말씀의 적용

1 당신은 사람에게 힘이 되는 말을 합니까, 상처주는 말을 합니까? 말이 절제되지 않는 때는 언제입니까?

2 당신은 주로 어떤 때 화가 납니까? 당신 자신이 고쳐야 할 언어 습관이 있으면 말해 보세요.

3 오늘 주신 말씀에서 깨달은 교훈은 무엇입니까?

실천 메시지

적당할 때 가장 행복합니다

사람들은 많이 가져야 행복하다고 생각합니다. 그러나 인간의 행복은 채움으로 얻는 것이 아니라 마음과 생각과 말을 다스림으로 얻습니다. 사람은 알맞은 분량을 가질 때 행복합니다. 적어도 불행하고 많아도 불행합니다. 모든 것이 적정량을 유지하는 것이 중요합니다. 이것을 조절하는 것이 절제입니다. 그런데 인간은 죄를 지음으로 절제력이 사라졌습니다. 자기조절 능력을 상실하였기에 자기 분수를 모르고 늘 선을 넘게 됩니다. 하지만 주님이 우리 안에 거하시면 조절이 가능해집니다. 말씀이 우리 안에서 우리를 조절하는 것이지요. 자기의 판단이 아닌 우리 안에 계신 주님의 음성이 조절하는 것입니다.

Tip 절제 성품 연습하기

분노를 다스리는 법

1. 급하게 마음먹지 말고 잠시 행동을 중단하자.
2. 자기 잘못이 없는지 생각해 보자.
3. 상대방 입장에서 생각해 보자.
4. 자기가 모르는 부분이 없는지 생각해 보자.
5. 예수님이라면 어떻게 하셨을지 생각해 보자.

Delicious Bible study_03

힘을 다스리는 절제

| 마태복음 26장 47-56절 |

생활 나눔

1 당신에게 주어진 힘과 권세와 부를 적절하게 사용하지 못하면 어떤 문제가 발생할 수 있습니까?

2 하나님이 주신 것을 잘못 사용하여 실패한 사람들이 많습니다. 주변에 이런 사람이 있는지 생각해 보고, 그것을 통해 얻은 교훈을 말해 보세요.

말씀의 살핌

■ 마태복음 26장 47-56절을 읽고 질문에 답해 보세요.

1. 예수님이 겟세마네 동산에서 기도를 마치고 내려오시자 어떤 일이 일어났습니까? (47)

2. 예수님을 배반한 유다는 대제사장들에게 어떤 방법으로 예수님임을 알려주었습니까? (48-49)

3. 예수님은 유다에게 뭐라고 말씀하셨습니까? 그 후에 어떤 일이 일어났습니까? (50)

4 예수님과 같이 있던 제자(다른 복음서에는 베드로라고 말함)가 어떤 일을 행했습니까? (51)

5 이것을 본 예수님은 뭐라고 책망하셨습니까? (52)

6 예수님이 대제사장들에게 순순히 잡혀가신 이유는 무엇입니까? (53–54)

7 예수님은 자신을 잡아가려는 무리에게 뭐라고 말씀하셨습니까? 이 말이 끝나자 제자들은 어떻게 했습니까? (55–56)

STEP_Three

말씀의 깨달음

1 예수님은 잡혀가지 않을 힘이 있었는데도 순순히 잡혀가는 길을 택하셨습니다. 예수님이 자신의 힘을 절제한 이유는 무엇입니까? 이런 경우가 전에도 있었습니다. 비슷한 예를 들어 보세요. (마 4:1-10; 요 6:15 참고)

2 하나님이 우리에게 힘을 주신 것은 우리 마음대로 사용하라는 것이 아니라 하나님의 뜻을 위해서 사용하라는 것입니다. 하나님이 주신 힘을 하나님이 아닌 자신의 욕망을 위해 사용한 예를 성경에서 찾아보세요. (삿 16:18-21; 왕상 11:1-8; 고전 9:25-27 참고)

3 예수님을 잡아가는 대제사장들 앞에서 칼을 사용한 베드로는 절제하지 못한 예입니다. 왜 이런 일이 일어났습니까?

말씀의 적용

1 당신에게 주신 힘을 절제하지 못하고 잘못 사용한 적이 있으면 말해 보세요. 이것을 위해 당신이 평소 훈련해야 할 것은 무엇입니까?

2 우리는 부와 힘 자랑하는 것을 조심해야 합니다. 이것을 절제하지 못해 패망한 경우가 많습니다. 당신이 하나님의 뜻대로 올바르게 힘을 사용하기 위해 지금 준비하고 있는 것을 말해 보세요.

3 오늘 주신 말씀에서 깨달은 교훈은 무엇입니까?

실천 메시지

목표가 분명하면 절제가 쉽습니다

절제하려면 가장 먼저 목표가 있어야 합니다. 하고자 하는 목표가 있으면 절제하기가 훨씬 쉽습니다. 그러나 인생의 목표가 없으면 절제는 어렵습니다. 운동선수가 우승을 위해 훈련하는 과정을 보면 잘 알 수 있습니다. 먹을 것, 잠자는 것 등 모든 것을 절제합니다. 그렇지 않으면 이길 수 없습니다. 이기고자 하는 목표가 클수록 절제는 쉬워집니다.

학생이 성적을 올리려는 목표가 분명하면 TV 시청이나 오락을 절제할 수 있습니다. 그러나 이런 목표의식이 없다면 주변의 유혹에서 벗어나기 어렵습니다. 목표의식을 얼마나 가지고 있느냐에 따라 절제가 좌우됩니다.

하나님의 뜻대로 살고자 하면 세상 욕심에서 벗어날 수밖에 없습니다. 하나님이 주시는 소망과 비전을 가지면 주변의 유혹에서 벗어날 수 있습니다. 성령을 적극적으로 따르면 세상의 욕망은 점차 사라지게 됩니다. 그러나 자기 힘으로는 그것을 해결할 수 없습니다. 오직 성령 충만을 받는 것 외에는 다른 길이 없습니다.

지금이라도 하나님의 목표를 달라고 기도하십시오. 그것이 마음을 움직이면 주변의 작은 것들은 자연히 사라지게 됩니다.

"너희는 성령을 따라 행하라 그리하면 육체의 욕심을 이루지 아니하리라" _갈 5:16

Tip 절제 성품 연습하기

다스려야 할 5가지

1. 생각을 먼저 다스리자.
2. 욕심을 다스리자.
3. 분노를 다스리자.
4. 자랑을 다스리자.
5. 혀를 다스리자.

생활에서 실천하는 절제연습 5가지

1. 무엇이든 계획을 세워 규칙적으로 생활하자.
2. 하고 싶은 일이 있으면 시간을 정해 놓고 하자.
3. 화가 치밀어 오를 때는 한 번 더 생각하고 행동하자.
4. 집착이나 욕심이 아닌지 늘 생각하자.
5. 하늘의 소망을 품게 해달라고 기도하자.

가정과 생활에서 성품을 습관화하기

1. 사소한 일이라도 다투지 않고 화내지 않는다.
2. 설사 화가 난다 해도 남에게 상처주는 말은 아닌지 한 번 더 생각하고 조심해서 말한다.
3. 말, 행동, 음식, 취미 등 생활 속에서 한쪽으로 편중되지 않는 습관을 갖는다.
4. 모든 것이 질서 있고 과하지 않도록 적당선을 유지한다.

실천사항

1. 즉흥적이거나 충동적인 행동을 조심한다.
2. 감정에 이끌려 화내지 않는다.
3. 자기만의 욕망을 절제한다.
4. 잘못한 것이 있으면 사과하고 그런 것과는 멀리한다.
5. 하고 싶은 일이라도 다른 사람에게 피해를 주는 일이라면 하지 않는다.

참고성경

- 오직 너는 바른 교훈에 합당한 것을 말하여 늙은 남자로는 절제하며 경건하며 신중하며 믿음과 사랑과 인내함에 온전하게 하고 _딛 2:1-2
- 오직 성령의 열매는 사랑과 희락과 화평과 오래 참음과 자비와 양선과 충성과 온유와 절제니 이 같은 것을 금지할 법이 없느니라 _갈 5:22-23
- 그러므로 너희가 더욱 힘써 너희 믿음에 덕을, 덕에 지식을, 지식에 절제를, 절제에 인내를, 인내에 경건을, 경건에 형제 우애를, 형제 우애에 사랑을 더하라 _벧후 1:5-7
- 만일 절제할 수 없거든 결혼하라 정욕이 불 같이 타는 것보다 결혼하는 것이 나으니라 _고전 7:9

인내

불평 없이 끝까지 기다리며 소망을 갖고 최선을 다하는 것

Delicious Bible study_01

인내하는 자가 성공한다

| 욥기 23장 1-17절 |

생활 나눔

1 각자 인내의 정의에 대해 말해 보세요.

2 오래 참음, 관용, 기다림, 견딤, 끈기는 모두 인내와 관계된 성품입니다. 이런 성품은 인간에게서 찾기 힘듭니다. 왜 그렇다고 생각합니까?

3 인생을 살아오면서 잘 인내했던 때는 언제입니까? 어떻게 그럴 수 있었습니까?

말씀의 살핌

▪ 욥기 23장 1-17절을 읽고 다음 질문에 답해 보세요.

1. 지금 욥의 상황은 어떻습니까? (1-2)

2. 욥의 고난에 대해 친구들은 죄 때문이라고 했습니다. 그런데 욥 자신은 어떻게 말하고 있습니까? (3-7)

3. 욥은 고난 중에 하나님을 볼 수 없는 것을 힘들어합니다. 그가 내뱉는 탄식을 말해 보세요. (8-9)

4 하나님의 도움의 손길이 없는데도 욥은 고난을 견디고 있습니다. 어떤 생각으로 고난을 견디고 있습니까? (10)

5 이해할 수 없는 고난 가운데서도 욥은 자신의 자리를 지켰습니다. 그 내용을 말해 보세요. (11–12)

6 욥이 고난 중에도 믿었던 하나님의 성품과 믿음에 대해 말해 보세요. (13–14)

7 극심한 고통 속에서도 욥은 하나님을 두려워하며 믿음을 지켰습니다. 하나님을 두려워하는 것에 대해 욥은 어떤 믿음을 가지고 있습니까? (15–17)

말씀의 깨달음

1. 욥이 당한 시험은 하나님의 섭리 속에 일어난 일입니다. 욥은 자기의 고난을 잘 해석하며 이겨냈습니다. 고난을 이기기 위해서는 고난을 하나님의 눈으로 보는 시각이 필요합니다. 욥이 가진 신앙의 위대한 점은 무엇입니까?

2. 하나님이 하시는 일을 인간이 이해할 수 없다 해도 그것이 믿음을 약화시키는 것은 아닙니다. 오히려 하나님을 믿는 진정한 믿음으로 나아갈 수 있는 강점이 됩니다. 어떤 점에서 그런지 말해 보세요. 그리고 하나님이 우리에게 고난을 주시는 이유와 고난의 마지막 목표는 무엇인지도 말해 보세요. (약 1:4; 욥 42: 12–17 참고)

3 신앙은 인내입니다. 어렵더라도 하나님의 섭리와 성품을 믿으면 인내가 가능합니다. 욥을 끝까지 인내하게 한 욥의 하나님에 대한 신앙을 정리해 보세요. (고전 13:4, 7 참고)

말씀의 적용

1 고난을 이기게 하는 것은 인내입니다. 어떻게 하면 잘 인내할 수 있는지 실천방법을 찾아보세요.

2 이해할 수 없는 고난 속에서, 응답 없이 침묵하시는 하나님의 모습에서, 하나님을 믿는 욥을 통해 당신이 도전받은 내용은 무엇입니까?

3 오늘 주신 말씀에서 깨달은 교훈은 무엇입니까?

실천 메시지

인내를 복으로 여기라

『실락원』을 쓴 존 밀턴은 매우 다정다감하고 정직한 사람이었습니다. 그는 왕당파 부자의 가정에서 성장한 매리라는 여성과 결혼했습니다. 그런데 매리는 결혼한 지 한 달 만에 친정으로 돌아갔습니다. 밀턴의 청교도적인 삶이 싫었던 것입니다. "나는 풍요롭고 자유분방한 가정에서 성장했습니다. 밀턴의 엄격한 청교도적 삶을 견딜 수가 없어요."

그러나 밀턴은 인내심을 갖고 아내를 기다렸습니다. 2년이 지나자 매리는 밀턴에게 돌아와 눈물로 용서를 빌었습니다. 당시 매리의 가정은 완전히 몰락한 상태였습니다. 반면 밀턴은 사회적으로 상당한 명성을 얻고 있었습니다. 아내는 모든 것을 잃은 후에야 남편에게 돌아왔습니다. 그러나 밀턴의 불행한 신혼시절은 『실락원』을 집필하는 데 결정적인 소재가 되었습니다. 밀턴은 자신의 낙원을 아내와 헤어짐으로 잠시 잃었지만, 그것으로 『실락원』이라는 불후의 명작을 완성할 수 있었습니다.

인내할 수 없는 상황에서 참고 기다리면 좋은 때가 옵니다. 거기에 하나님의 뜻이 있기 때문입니다. 문제는 기다리는 힘입니다. 이것은 하루아침에 생기는 성품이 아닙니다. 많은 시간과 훈련이 필요합니다. 그러나 인내하는 성품을 가진 사람은 결국 좋은 것을 얻게 됩니다. 환란은 인내를 만들고, 인내는 믿음을 만들면서 하나님의 복을 받게 됩니다.

인내하는 그 자체가 복입니다. 인내하면서 인내로 인해 즐거움을 갖는다면 이보다 더 좋은 것은 없습니다.

Tip 인내 성품 연습하기

이렇게 하면 인내할 수 있다

1. 고난을 해석하면 인내할 수 있다.
2. 고난에 긍정적으로 반응하면 인내할 수 있다.
3. 미래의 결과를 상상하면 인내할 수 있다.
4. 고난 속에서 믿음이 자란다고 생각하면 인내할 수 있다.
5. 인내력을 키우는 좋은 기회라고 생각하면 인내할 수 있다.
6. 불평하지 않고 기다리며 더 좋은 것이 온다고 믿으면 인내할 수 있다.

Delicious Bible study_ 02

끝까지 인내하라

| 로마서 8장 18-30절 |

생활 나눔

1 왜 사람들이 잘 인내하지 못한다고 생각합니까?

2 인내는 오랜 연습을 통해 만들어집니다. 단번에 생기는 것이 아닙니다. 믿음도 결국 인내에서 결정됩니다. 지금 인내를 연습하고 있는 것이 있으면 말해 보세요.

말씀의 살핌

■ 로마서 8장 18–30절을 읽고 다음 질문에 답해 보세요.

1 이 세상의 고난은 무엇과 비교할 때 아무것도 아닙니까? (18)

2 그리스도인이 소망하는 마지막은 어떤 모습입니까? (19–21)

3 세상에서 고난당하는 사람들과 모든 피조물은 무엇을 기다리며 살아가고 있습니까? (22–23)

4 그리스도인이 바라는 소망의 특징은 무엇입니까? 그 소망을 가진 사람은 어떻게 살아야 합니까? (24-25)

5 우리가 연약할 때 우리 안에서 돕는 분은 성령님입니다. 구체적으로 어떻게 돕고 계십니까? (26-27)

6 아무리 어려움이 닥쳐도 우리가 믿음을 가지고 인내할 수 있는 약속의 말씀은 무엇입니까? (28-30)

말씀의 깨달음

1 살다보면 인내하기 어려운 일들이 많습니다. 특히 애매하게 당하는 일과 이해할 수 없는 시련이 우리를 힘들게 합니다. 그 속에서 포기하지 않고 끝까지 인내하는 믿음을 갖는 것이 중요합니다. 그런데 그 어려움을 참지 못해 자살하거나 스스로 삶을 포기하는 경우가 있습니다. 왜 그렇다고 봅니까? (히 12:2 참고)

2 우리가 바라는 소망은 보이는 것이 아닌 보이지 않는 소망입니다. 그리고 마지막은 선하게 하나님이 인도하신다는 믿음입니다. 하나님이 주신 약속의 말씀을 붙잡는 것이 인내를 이루는 데 왜 유익한지 말해 보세요.

3 인내는 고난을 통해서 열매를 맺습니다. 인내의 열매는 거저 얻는 것이 아닙니다. 그렇게 보면 인내는 하나님이 주시는 성령의 열매요 축복입니다. 그런데 사람들은 그것을 부정적으로 봅니다. 그 이유를 말해 보세요. (눅 8:15; 마 24:13; 시 119:71 참고)

말씀의 적용

1 인내하는 것은 쉬운 일이 아닙니다. 그러나 지나고 보면 많은 유익이 있습니다. 지나온 삶에서 유익했던 인내의 순간들을 말해 보세요.

2 인내를 통해 달라진 당신의 모습을 말해 보세요.

3 오늘 주신 말씀에서 깨달은 교훈은 무엇입니까?

실천 메시지

마시멜로 법칙

미국 스탠퍼드대 월터 미셸 박사가 실험을 했습니다. 유아원 어린이 653명에게 눈앞에 마시멜로(어린이들이 좋아하는 사탕 종류)를 놓아두고는 15분 동안 먹지 않고 참는 사람에게 큰 선물을 주겠다고 말했습니다. 그런데 아이들 중 30퍼센트만 이것을 견뎌냈습니다. 아이들 대부분이 유혹을 이기지 못해 30초도 지나지 않아 마시멜로를 먹어버렸습니다.

15분을 기다리며 인내한 아이들은 나중에 성인이 되어 성공한 삶을 살고 있었습니다. 반면 기다리지 못했던 아이들은 비만이나 약물중독에 빠져 있었습니다.

어릴 때부터 인내하는 성품을 길러야 합니다. 그렇지 못하면 아무것도 이룰 수 없습니다. 인내는 인생을 살아가는 데 기초가 되는 힘입니다. 인내하는 사람이 공부도 잘합니다. 인내하는 사람은 가정도 행복하게 이끌어갑니다. 요즘에는 조금만 문제가 생겨도 참지 못하고 이혼하는 경우가 많습니다. 모두 참는 힘이 없어서 그렇습니다.

인생을 길게 보고 참고 인내하면 좋은 결과가 있습니다. 지금이라도 인내하는 힘을 길러야 합니다. 지나고 보면 인내가 얼마나 좋은 것인지를 깨닫고 자기가 그것을 이겨냈다는 것에 스스로 대견해 할 날이 올 것입니다.

Tip 인내 성품 연습하기

인내는…

1. 인내는 사람을 성숙하게 만든다.
2. 인내는 서로 사랑하게 한다.
3. 인내는 목표를 이루게 한다.
4. 인내의 마지막은 축복이다.
5. 인내는 모든 문을 여는 출구다.

Delicious Bible study_03

기도로 인내를 이루라

| 야고보서 5장 7-18절 |

생활 나눔

1 자신에게 닥친 고난이 이해되지 않을 때가 있습니다. 살아오면서 그런 일이 있었으면 이야기해 보세요. 그리고 어떻게 이겨냈는지 나누어보세요.

2 살아가면서 자기에게 닥친 고난이 도저히 이해되지 않을 때는 하나님의 뜻으로 받아들이는 것도 한 방법입니다. 현재 당신의 삶 속에 이해되지 않는 고난이나 어려움이 있으면 말해 보세요.

말씀의 살핌

■ 야고보서 5장 7-18절을 읽고 질문에 답해 보세요.

1 그리스도인은 언제까지 인내해야 합니까? 열매를 맺게 하기 위해 농부에게 필요한 것은 무엇입니까? (7-8)

2 인내하는 것은 힘들지만 본을 따르면 해낼 수 있습니다. 우리에게 인내의 본을 보여준 사람은 누구입니까? (9-10)

3 인내하는 사람에게 하나님은 무엇을 주십니까? 대표적인 예는 누구입니까? (11)

4 무조건 참는 것으로는 끝까지 인내하기 어렵습니다. 잘 인내하기 위해서는 그때마다 생활의 지혜가 필요합니다. 그런 생활의 지혜에는 어떤 것들인지 말해 보세요. (12–16)

• 맹세를 통해 자기의 정당화를 보여야 할 때

• 고난당할 때

• 병들었을 때

5 어려움이 생길 때 우리는 기도로 인내할 수 있습니다. 엘리야의 예를 통해 얻는 교훈은 무엇입니까? (17–18)

말씀의 깨달음

1 세상을 살다보면 인내할 일들이 계속 생깁니다. 세상은 수고로운 삶이기에 인내하지 않을 수 없습니다. 인내는 결국 주님이 오실 때까지 감당해야 할 성품입니다. 그렇다면 인내는 피하는 것보다 맞서서 그 능력을 키워나가는 것이 좋습니다. 어차피 인내하는 것을 피할 수 없다면 어떻게 하는 것이 지혜로운 방법일까요? (약 1:2-3 참고)

2 믿음의 선지자들도 모두 인내의 열매를 맺었습니다. 고난과 오래 참음으로 믿음의 승리를 맛보았습니다. 이것은 우리가 인내하는 데 매우 큰 힘이 됩니다. 구체적으로 선지자들과 성경의 인물들이 어떤 고난을 당하면서 이겨나갔는지 말해 보세요. (노아, 아브라함, 요셉, 다윗, 모세, 이사야, 예레미야 등) (히 6:12; 계 14:12 참고)

3 인내는 하나님이 우리에게 주신 좋은 성품입니다. 이것을 발전시키기 위해서 어떤 훈련을 해야 할까요? 특히 고난에 대한 바른 성경적인 이해는 고난을 이기고 인내하는 데 큰 도움이 됩니다. 왜 그렇다고 봅니까? (벧후 1:6 참고)

STEP_FOUR

말씀의 적용

1 인내는 당신이 하나님을 얼마나 잘 믿는지를 가늠하는 표시입니다. 그런 이유로 하나님은 우리를 인내하게 하십니다. 지금 당하는 고난이 있습니까? 있다면 그것을 인내하기 위해 당신은 무엇을 하고 있습니까?

2 인내는 믿음의 근육을 키웁니다. 당신의 인내의 근력을 점검해 보세요. 그리고 인내하는 데 도움이 되는 좋은 습관을 하나 정해 보세요.

3 오늘 주신 말씀에서 깨달은 교훈은 무엇입니까?

기도하며 인내하라

일본의 나까오 목사는 교회를 개척했으나 사람들이 오지 않아 부부끼리만 예배를 드렸습니다. 나까오 목사는 아내 혼자만을 앉혀 놓고 설교했습니다. 주일 아닌 다른 날에는 걸인들이 몰려왔습니다. 나까오 목사가 걸인들에게 먹을 것을 주고 몸도 씻겨주며 이야기도 들려주는 등 알뜰히 보살폈기 때문입니다. 그런데 걸인들은 주일에는 오지 않았습니다. 나까오 목사는 3년이 넘게 기도하며 걸인들을 위해 노력했으나 아무런 변화가 나타나지 않았습니다.

3년이 지난 어느 주일, 사경을 헤매는 결핵환자 걸인이 찾아왔습니다. 역시나 나까오 목사는 깨끗이 씻겨주고 먹여주며 돌보았습니다. 이제 주일에 예배드리는 사람은 세 사람이 되었습니다. 목사님은 정성껏 말씀을 준비해 열심히 전했습니다. 그 결핵환자 걸인이 바로 세계적인 신학자이며 20세기의 성인으로 존경받고 있는 하천풍언 목사님입니다.

인간은 하나님이 하시는 일을 잘 모릅니다. 하나님의 뜻을 잘 알지 못하기에 힘들어도 참고 인내하는 것입니다. 하나님은 늘 좋은 것을 예비하십니다.

마지막이 좋아야 성공하는 사람입니다. 그날을 바라보면서 하나님께 기도하고 나아가면 하나님의 때에 가장 좋은 것으로 이루어주실 것입니다. 혼자 힘으로 참아내기는 어렵지만, 기도하면서 하나님을 바라보면 어떤 어려움도 인내할 수 있습니다.

Tip 인내 성품 연습하기

인내하면 유익한 점

1. 인내하다 보면 자신이 변한다.
2. 인내하면 지혜를 얻는다.
3. 인내하다 보면 해결하는 능력이 생긴다.
4. 인내하면 정결해진다.
5. 인내하다 보면 온전해진다.
6. 인내하면 인격이 다듬어진다.

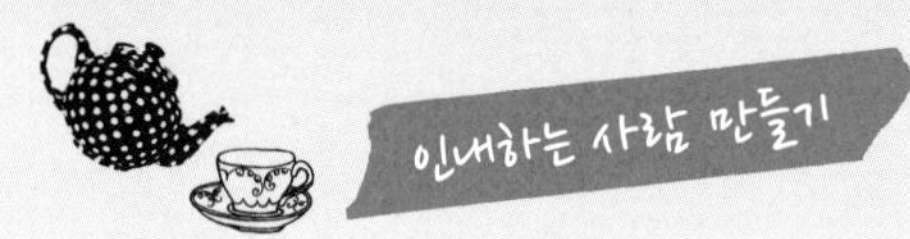

가정과 생활에서 성품을 습관화하기

1. 부모는 자녀를 끝까지 믿어준다.
2. 어려움을 당할 때 잘 견딘다.
3. 갖고 싶은 것이 있어도 다른 사람에게 도움이 되지 않으면 기꺼이 포기한다.
4. 맡은 일, 공부, 집안일, 과제 등을 끝까지 마무리한다.

실천사항

1. 해야 할 일은 이루어질 때까지 노력한다.
2. 한 번 목표한 것은 끝까지 포기하지 않는다.
3. 비난을 받아도 옳다고 생각하면 끝까지 밀고 나간다.
4. 하고 싶은 일보다 해야 할 일을 먼저 한다.
5. 힘들고 지쳐도 계속한다.
6. 자기 차례가 올 때까지 기다린다.
7. 생각대로 되지 않아도 불평하지 않는다.
8. 바꿀 수 있는 것은 바꾸고 안 되는 것은 받아들인다.
9. 하나님의 때를 기다린다.

참고성경

- 또 형제들아 너희를 권면하노니 게으른 자들을 권계하며 마음이 약한 자들을 격려하고 힘이 없는 자들을 붙들어 주며 모든 사람에게 오래 참으라 _살전 5:14
- 그러므로 너희는 … 오래 참음을 옷 입고 누가 누구에게 불만이 있거든 서로 용납하여 피차 용서하되 주께서 너희를 용서하신 것 같이 너희도 그리하고 _골 3:12–13
- 너희의 인내로 너희 영혼을 얻으리라 _눅 21:19
- 오직 성령의 열매는 사랑과 희락과 화평과 오래 참음과 자비와 양선과 충성과 _갈 5:22
- 우리가 선을 행하되 낙심하지 말지니 포기하지 아니하면 때가 이르매 거두리라 _갈 6:9

• 주께서 너희 마음을 인도하여 하나님의 사랑과 그리스도의 인내에 들어가게 하시기를 원하노라 _살후 3:5

• 너희에게 인내가 필요함은 너희가 하나님의 뜻을 행한 후에 약속하신 것을 받기 위함이라 _히 10:36

• 주의 약속은 어떤 이들이 더디다고 생각하는 것 같이 더딘 것이 아니라 오직 주께서는 너희를 대하여 오래 참으사 아무도 멸망하지 아니하고 다 회개하기에 이르기를 원하시느니라 _벧후 3:9

지은이 이대희
장로회신학대학교 신학대학원(M.Div)과 연세대학교 연합신학대학원(Th.M)을 졸업하고 에스라성경대학원대학교 성경학박사(D.Litt) 과정을 마쳤다. 예장총회교육자원부 연구원과 서울장신대 신학과 교수와 겸임교수를 역임하고, 서울 극동방송에서 "알기 쉬운 성경공부" "기독교 이해" "전도왕 백서" "크리스천 습관 칼럼" 등의 프로그램을 진행했다. 지난 20년 간 성서사람 · 성서한국 · 성서교회 · 성서나라를 모토로 한국적 성경교육과 실천사역을 위해 집필과 세미나, 강의사역을 하고 있다. 누구나 평생 성경을 배울 수 있는 한국형 바이블 칼리지인 엔크리스토성경대학을 설립하여 매주 월요일 성경을 가르치는 사역을 12년에 걸쳐서 하고 있다. 현재 바이블미션 대표, 꿈을주는교회 담임목사로 섬기고 있다.
주요저서로 『맛있는 성경공부』 『성품시리즈 4권』 『30분 성경공부』 『맥 잡는 기도』 『하룻밤에 배우는 쉬운 기도』 『이야기대화식 성경연구』 『예즈덤 영재교육』 『예수님의 통자녀 교육법』 『크리스천이여 습관부터 바꿔라』 등 150여 권이 있다.

저자 이메일: ckr9191@hanmail.net

맛있는 성경공부 성품 시리즈 ❹

생활성품

초판 1쇄 발행 2012년 2월 29일
초판 4쇄 발행 2019년 1월 17일

지은이 이대희

펴낸이 정형철
펴낸곳 아가페북스
등 록 제321-2011-000197호
등록일 2011년 10월 14일
편집장 이수진
기획편집 방재경
디자인 조성미

주 소 (06698) 서울시 서초구 효령로8길 5(방배동)
전 화 584-4835(본사) 522-5148(편집부)
팩 스 586-3078(본사) 586-3088(편집부)
홈페이지 www.iagape.co.kr

ISBN 978-89-537-8075-0(04230)
978-89-537-8071-2(세트)

아가페북스는 (주)아가페출판사의 단행본 전문브랜드입니다.

아가페 출판사